Jamaican Voices in Lockdung

DONNA ORTEGA

Copyright © 2020 Donna Ortega

Kingston, Jamaica

All rights reserved.

ISBN: 9798555965257

DEDICATION

To all who have suffered loss, been grieved and fatigued
by the COVID-19 pandemic

CONTENTS

ACKNOWLEDGMENTS

I acknowledge efforts by academia to standardise the spelling of Jamaican Patois which I did not emulate here.

AT DE SUPERMARKET

Missis, wheh yuh tink yuh a go?
Yuh no see seh yuh kyaan pass yahso?
Ooman, Me tyad a di foolishness.
Yuh no see seh di worl inna crisis?
Quiet yuhself an stand pon de marka!
Doan mek me haffi say nutten furda.
Aalla we waan come offa di road too an go lockdung.
Stay inna yuh lane an stop draw mi tongue.
Stop squeeze up squeeze up beside me!
Jus who yuh tink yuh be?
Trouble a go bruk out between de two a we
ef yuh aise too haad fi undastand.
Minista seh practise social distant
Since coronavirus a go roun.
But it look like yuh feel yuh immune.
Come   come hitch pon me inna de line!
Now yuh waan fi pass an push me dung!
De Bible seh me mus tek mi cheek deh tun it roun;
But so help me ef today a nuh yuh a go a grung!

1

EMPTY SHELF

By de time me get likkle change fi shop fi miself,
everyting done fram offa de shelf.
Me jus a walk up an dung in consternation
an neva mek joke fi vent mi frustration.
Rubbing alcohol, disinfectant an bleach
Aalla dem deh done before me reach.
A wha kine a ting dis?
We really inna crisis!
True me neva have no debit or credit kyaad,
me di jus tan a mi yaad.
An now when de remittance come,
me kyaan believe seh everyting done.
Imagine me walk wid mi two long han inna de place
An haffi walk back out said way; What a disgrace!

WATA WORRIES

Every day people pon TV a bawl out dem troat
wheneva time de country get eena wan drought,
seh dem tired a nightly wata lock-off an shortridge
an how nuh rain nuh faall eena Hermitage.
Me simpatise because we know dat Jamaica
suppose to be de land of wood an wata.
Fah me have fi mi owna gripe
when me go ketch wata fram de standpipe.
A plastic backle me use cause me nuh have no drum.
Carry wan pon mi head an wan unda mi arm.
Me couldn tell nobaddy a town me live.
Me know dem wouldn believe.
Me jus kibba mi mout an kyaan even cuss
although idler out a standpipe deh wait
fi give mi granddawta argument
(she who did go school an pass six subjects!)

Right now me woulda really like a ease.
While we a wash han fi fight disease
beg yuh gi me fi unoo running, instead a
fi mi walk-foot, wata.

ESSENTIAL WORKA

Tell me who a go feed my yute
if me stay home an stay offa de street?
Me hear dem kaall out de essential worka
like doctor, nurse, politician an even lawya.
But whampn to we de windscreem wipa?
Who a go look after fi we regular customa?
When breeze carry it drop pon dem glass
who else but we a go wipe off da virus?
Me have everyting, fi sanitise,
Wid mi squeegee a dem yah me use:
Soap an wata, spray backle wid rubbing alcohol.
Me mask-up too; afta me a nuh fool,
even though me neva go a school.
Me naw mek corona bax bread outta my yute mout.
Unoo look like unoo aaright.
So tan a yuh yaad an me wi tan a stoplight.

A DIFFERENT CHUNE

When de news seh fi tan a yuh yaad
yuh know how me did well glad?
Yuh know how long me waan come offa de road?
Dollas naw run, but fi tell de trute me jus tyad
fi see how de people dem a galang.
Nobaddy naw pay de Govament no attention.
It look like dem tek it fi joke or feel dat dem immune
Maybe when it reach dem door dem wi sing a different
chune.

MASK UP

Now everybaddy fraid like puss
an nuh waan ketch de virus.
When dem seh we fi help stop de corona spread,
nuff a wi start walk wid mask pon we head.
Some a dem really fava poppy show.
A mus profile dem a profile eeh doh?
Mask a swing like hanbag or a hang
wid string from unda people chin!
Me nuh know if dat serve any purpose
if yuh nuh cova yuh mout an yuh nose.
A who tell dem seh a decoration?
Me wonda if dem understan de situation?

Yuh kyaan pick an choose
when smaddy a go sneeze.
Aalla we gwine haffi learn, an get use to it.
Fi mask up when we pon de street.
Anybaddy kyan laugh, but doan ask
if me naw go wear mi mask.

SEE AN BE SEEN IN DE QUARANTINE

Even though we suppose to be in quarantine,
whole heapa people out deh jus fi see an be seen.
Ah doan know why dem jus kyaan wait
insteada walk up an dung so outta street.

It look like nobaddy nuh use dem common sense
An follow de news instead of de nonsense:
Tell dem seh de virus kyan lock pon yuh hair,
dem girl still a flash de weave like dem doan care.
Tell dem fi cova up arms, legs an everyting
but off-de-shoulda, belly skin an shorts carry de swing.
Me really nuh understan wha dem get outta dis
fi profile in front a de coronavirus.

If yuh no have no business outta road
wheh mek yuh aise so haad
dat unoo kyaan tan a unoo yaad?
If more a we get sick who a go bear de load?
Memba seh aalla we inna dis ting togedda
so we haffi look out fi we self, we sista an we bredda.

So people, me a beg unoo please,
if yuh inna lockdung or quarantine,
or if yuh have feeva or kaaff, or yuh a sneeze,
stay kaam, stay home an kaall de Ministry pon de phone.

STEP ASIDE

Me jus decide fi step aside an mek da lady yah pass.
Ah really doan know why she have to stan so close.
As de line move an wid every step me tek,
Missis a so she double up an a breade down mi neck.
As mi church sista always seh, 'I'm a work in progress'
An when it comes to patience, ah struggle to carry dat
cross.
But me jus fold mi arms an tell de devil, "Not today!"
Me haffi remine miself who me represent an let Him have
His way.
So breathing slowly in an out, ah called off de attack
Ah wanted to launch pon de poor woman at mi back.
"Yuh want to go first?" me aks har instead,
An when she seh yes, me did well glad.
Me jus mek har gwaan, it neva mek sense fi fight;
An trute to tell, in mi heart me feel dat was right.

NO STIGMA

De odda day when me haffi go jine wan line
me jus feel goosebump a run up an down mi spine
when wan ooman, widout even a hexcuse me please,
bus out wan big, nasty sneeze.
Me seh, me try fi gwaan like me nice
causen seh me nuh waan nobaddy seh me a stigmatise.
But to tell di trute, as soon as mi business done,
me jus tek up mi foot dem an run.

PRIYAZ

Massa God, a wha dis a gwaan?
Me neva see dis from me baahn.
Aall day long church a kaall fi revival
but ongle see whole heapa bacchanal
wid people a wine in uptown an downtown carnival.

Now aall who neva chat to Yuh a sen up priyaz
fi keep dem safe from de coronavirus.
Me know Yuh hear because Yuh hab a big haat.
But Yuh waan we fi do fi wi paat.
Cause Yuh well hab a plan
an will stretch out Yuh han
fi bring healing to de nation.
An not jus a wan-day transfahmation
when some o' we fine wha dem kaall "religion".

IMMUNITY

Look yah now man.
Dem seh COVID reach a yaad.
But no bodda fret up yuh mind
because de I have de solutian.

Inna dem time yah
build up yuh structure!
Wha mek yuh a look pon I so sistren?
Come check out de ting yaw mi idrin.

See dem yah: strickly natural My Yute.
De noni, toomarick an ginger root
kyan bun out de corona fas fas.
Believe I, jus aks any wan o' de Ras
how fi strengten yuh immunity.
An if yuh waan expeerens a likkle livity
Breade een some o' de high-grade collie.

.

FRONTLINE

What a prekeh, doh eeh?
We deh yah inna Worl War Tree!
Me hear 'bout rumours of war from Bible prophecy,
but me neva know dis kind coulda reach we.
De first two gawn down in history.
So we learn 'bout dem from book an TV.
(Not even mi granny expeerensih
since she ongle did baahn 1980.)
Still me nuh know wha fi mek o' aalla dis:
De worl fighting a very deadly virus.
Doctors an nurses deh pon de frontline
Suit up an mask up fi battle de whole time.
Aall me kyan seh is dat dem well strong.
Really true to dem profession.
Me did waan study fi be wan nurse's aide.
Tank God me neva bodda; me too fraid!

BABYE

Sake a corona wata come a mi yeye.
Me neva even get fi seh babye.
Cause we deh yah a follow protocol
an couldn't get fi see yuh in de hospital.
It hurt me so tell
when yuh wasn't well.
Yuh neva get to hear
how much me care.
Me sorry me neva get dat chance
fi kiss yuh cheeks an hold yuh hans
widout de social distance.

Now yuh gawn lef us
an we deh yah a fight de virus.
But some o' we still naw learn to corporate.
Dis disease doan discriminate!
Me nuh know if yuh know, people
what it tek fi be we bredda keepa?

PON DE ROOF

We jus deh yah a chill out.
A lissen how de music sweet.
Me seh a yahso nice
fi tek een de night breeze
an look pon de empty street.

We love how de party a swing.
Crowd a people up yah wining
an de selector a do him ting.
Everybaddy dress up inna dem bling
have a good, good feeling.

We well glad fi de chance
fi keep up we dance.
No COVID no deh a Jamaica.
Yuh no hear seh it gawn a Merica?
So, why <u>we</u> mus stop we enjoyments?

ASYMPTOMATIC

Unoo nuh hear de latess
dat a gwaan wid de coronavirus?
Yuh nuh haffi show no symptom.
But COVID coulda deh inna yuh system.
Me wonda if a lie dem a tell.
De whole ting mek mi head swell.
If people sick an doan even know
how aalla we a go keep safe outta door?
Dem seh de virus kyan hang in de air
an people kyan breade it in from dere.
Wha we a go do eeh Puppa Jesus?
Beg yuh save we from dis yah virus.
Dem betta hurry up wid wan vaccine
so aalla we nuh haffi stay inna quarantine.
Me kyaan wear mask aall day long!
Me kyaan jus stay home an siddung!
Me nuh waan live like dis inna lockdung!

DE ESCAPE

Govament quarantine dem community
so plenty run lef Sunshine City,
Yuh shoulda see de long line o' traffic
since people who neva waan get trapped or sick
pack up dem tings an move out
from Minista open him mout.

Look wha gwaan outta East:
Solja a man barricade at dem post.
But who need fi leave tek de short cut
Go town go work an shop.
Den come back home same way.
Corona naw change wha dem do every day.

Everybaddy waan escape de restriction.
We hope dem nuh lockdung de nation.
It nuh easy fi stay inna isolation
Even doh we nuh waan nuh infection.

CURFEW

Yuh see dis yah new curfew dem start up?
Me nuh know how dem jus drop it brap
an expect wi fi off de street tree o'clock.
A which part unoo tink it a go wuk?
Dat a nuh fi we; afta we nuh owl
an haffi go bed early like fowl!
No sah, mek me dis gi yuh it straight!
Aall when dem say curfew start eight
Me nuh feel dat a go help de smaall man,
Running him bar an pan chicken stan,
whofa business gwaan good a night.
Now curfew a go shut it dung?
Naw sah, dem tings de nuh right!
Not even we kyaan stap have wi fun!

EDDICATION

Me dis feel fi hol mi head an bawl.
Anline schooling naw wuk at aall.

Fram govament sen pickney home
dem ongle outta street a roam.

Wha else dem fi do but run up an dung
like seh school deh pon vacation?

A nuh everybaddy have computa
or kyan afford fi buy data.

Who lucky may have a phone or tablet
an kyan get awn pon de internet.

Teacha still a sen out lesson anline
even doa nutten naw go inna dem mine.

Yu know it nuh easy fe tek it een.
An wuss squint squint fi read de smartphone screen.

Me sorry seh aalla dis come to pass,
ascording to Minista, due to de virus.

But wha me a go do bout mi owna son an dawta?
A ongle wan phone me have an dat a wan banga.

Dem done romp out aalla wheh dem learn las year.
Minista, me a chat loud, so me hope yuh hear.

Sumpn haffi gwaan fe we wid de teaching technalogy
mek wi pickney hable buil back dem literacy.

A so we a go mek dem tun dunce
while we a wash han an kip social distance?

Tell we now, what is de plan
fi help dem pickney get eddication?
Memba, dem a de fuucha of de nation.

PTA

Me pick up de phone de odda day an kaall Miss,
tru now me in a whole heapa stress
wid work she deh pan computa a chuck out.
Me haffi aks har plain an straight if dat right.
Why is up to me fi try an help de chile?
Me, who leave school a long long while,
an neva go college fi get no teacha training
end up haffi study de book an do de explaining
inna de anline class, an aall day long
when de poor pickney get tings wrong.
Me hear dem chat bout, "No child left behind".
An, "Every child can learn; every child must learn".
But it doan look dat way to me in de teaching anline.
Me neva yet miss a school meeting,
an always try support dem in every likkle ting.
But me neva agree fi jine dis kinda PTA
wheh me do de teaching, an unnu get de pay!

DILEMMA

It's time aalla we have to deal wid de reality
dat little learning is going on by technalogy.
Dere's breakdown wid internet connectivity.

Too many children doan even have resources
to come on board wid any of de classes.

Some students are struggling on,
an dem teachas a try hol dem han.

A nuh likkle sinting dem haffi deal wid fe teach an tess,
counsel an guide plenty pickney widdout de face-to-face.

Now everybaddy gadda an a knock head
fi come up wid de best eddication method.

Whole heapa people seh opening schools is betta
fah dose who have problems wid dese new media.

How to keep staff an students safe an nuh get sick,
is wan big dilemma in dis terrible pandemic.
Minista: beg yuh work wid we! Fine a solution quick!

LOG OUT

Good mawning children, mawning everyone.
So glad yuh could join us and sign on.
Ah can see everybody isn't here yet,
but ah know dere is trouble wid de internet.
No problem! Dey can come on anytime during de class,
Ah jus hope dey can log on before is time fuh recess!

It's so good to see yuh in dis virtual classroom
while de govament try to open back school soon.
Shaniquah, is dat yuh nightie yuh wearing?
Very pretty, but please go change it darling.
Is classtime even if unnu working from unnu bedroom.
Rememba children, please to wear unnu uniform.

Come awn everybody open yuh reading book.
Den we going do some spelling an aritmetic.
We have a whole heapa work an acktivities to cova
an a quick likkle quiz fuh yuh before school ova.
Jahfari yuh can start to read today's lesson.
Nice and loud before we ansa de question.

Good job young man; now tell us Mikaela.
What do you tink is de writa's main idea?
Tanks a lot Mrs. Smith, dat was very clear.
Ah could hear yuh whispa in yuh dawta's ear.
Now write a paragraph on what de passage is about.
Oops! What is dis doh eeh, de connection log out!

Are you back wid me students? Right let's carry awn.
Oh chut! We don't even start back good an de Net gawn.
Hello Mrs. Smith, tank yuh an de oddda parents fuh calling.
No, no ma'am Ah'm still here in fronta de computa waiting.
Ah cannot tell yuh what to do, ah don't have de solution.
We have to be guided by de Ministry of Education.

Hold on, someting happening in de classroom.
Look like it's back an our session can resume.
Very good children, let's get back togedda.
Here's de homework fuh yuh fada an modda.
Dat's all fuh now students, please stay safe an well.
School finish fuh today so let me ring de bell.

MADNESS

Dis mawning me deh walk outta road
A look fe avoid mix up in de heapa crowd.
So me decide fe no badda wid taxi or coasta bus
who cram een people like dem nuh fraida virus.

Me had was to stop by de credit union an go shop.
Den full mi prescription a pharmacy fi mi eye drop.
Plenty sinting me haffi do before de day done
an me try me bes fi stay outta de hot sun.

Me so glad when de security kaall me outta de line.
Tell me seh a nuh dat wan me suppose fi jine
fah as a senior citizen me get firs privilege.
Well, me neva shame fi acknowledge mi age

Step right in an tek de ticket, if yuh please.
Missis, me get tru everyting quick as breeze.
A walk me a walk home tinking bout dinna
When wah mawga ooman bus de kawna.

Mek me tell yuh, me nuh know she.
An me quite sure she nuh know me.
But de ooman start pon wan piece a facetiness
fe faas wid me insteada mine har owna business.

When me realise she neva even have on nuh mask
ah try step roun har, but she start tek me to task.
Memba me seh, ah doan even know har from Adam.
Me nuh know why tiddeh me haffi buck up dis ooman.

Wid har yeye dem a roll, she deh a shout inna mi face,
as if me coulda look pon har fe aks fah medical advice,
bout me nuh fe wear mask like wha Healt Minista said
cos it block oxygen from de brain; tun yuh mad instead.

Ah didn't even look har up an down.
But yuh coulda see she did read mi mine.
Me jus tell miself no bodda wid it; no mek sense get vex.
She look like she believe dat dis yah COVID virus a hoax.

See yah, me wouldn even mek har draw mi tongue.
She soon fine out when de whole country lockdung.

TROUBLE

"Please jus give me couple minutes more,"
me aks de ooman behind me in de store.
It seem she neva undastand wha me seh.
Me nuh even finish tek de goods outta de trolley
but she a put dung fe har pon de counta top,
almost a mix up de tings, like is me an she a shop.

While de cashier gwaan cash, me try fe explain,
an aks if she could back back likkle till me done.
She mek up har face and aks me, "What?"
So me pint pon de floor pon de likkle roun dot
which part she was suppose to be standing,
an tell har dat is fi har spot fe social distancing.

Mi dear de ooman doan even pay me dawg mine,
a bringle seh she deh enough inches from me in de line.
"Inches?" Yuh shoulda be six feet away,"
me tell har since ah wasn't even ready to pay.
"Wheh yuh nuh move den," she run up har mout again.
"Cause me nuh finish yet," me seh fi done de argument.

"Too bad," she stan up pon har kimbo
a wait fe see a wha me a go do.
Me jus start deal wid de cashier an aks fi a phone kyaad.
Aall de time me hear tings a drop pon di counta top
haad.
"Oh, a trouble dah wan yah a look," me warn miself,
It di obvious she really out fe mek some kinda mischief.

She well waan bruk wan big dutty fight inna de place
from how two bag a rice drop in fronta mi face
as me stretch out mi han fi gi de cashier mi money.
Me was so cool an calm, if me feel anyting it was pity.
She shoulda fine a betta way fi get out har problems.
A nex smaddy she push gainst might have symptoms.

Me coulda tump har dung fi gi har satisfaction.
But me realise aalla we a struggle in dis COVID
situation.
So to me it nuh spell sense fi fight we wan anodda
bout sumpn like dis wha we nuh have nuh control ova.
Me jus feel dat if we jine togedda an corporate
we can stop de virus spread furda, before it too late.

FISH AN FESTIVAL PROTOCOL

Tiddeh a di firs in a long time we come a beach
sence we deh a yaad lockdung from March.
We lissen bad news bout how much people sick an dead.
In fack aalla we hear so much story we sick an tyad.
So me nuh waan hear nutten bout coronavirus.
Mek we jus enjoy wiself likkle bit an relax.
Right now, me a follow wan protocol.
An dat is fi eat a nice steam fish an festival.
Look pon aalla de people dem.
Yuh kyan see dat dem tink de same.
Me sure nuh corona in dis yah area.
Even so, me feel it kyan wash aff inna di salt wata.
An if any of de virus sumpn lef back,
some escoveitch onion an peppa will deal wid dat.

Do mek me run go ketch a swim.
Den come lay dung in de san.
Dis a de bes place fi do nutten,
Dan stay home in isolation.
.

WHO FI DEAD

No wan kyan tell me wha fi do.
Ah hope aalla unnu know dat yunuh.
Bout man kyaan come outta road as dem please.
Afta me nuh sick, me naw kaaff nar sneeze!
Gwheh wid dat an lef me do mi business.
See what a gwaan wid da sickness:
Dem seh a ol people easy fi ketchih
Look pon me good, me look owl an sickly?
Me naw tan a yaad inna lockdung.
Dem tings deh a fi de big man
who know which part him money a come from.
Mek who kyan afford fi stay home, stay home.
Me have mi tings fi go out an sell.
So Corona she kyan gwaan a hell.
People tink dem kyan live faheva,
But sumpn wi tek dem out soona or lata.
An if, fi me dat a corona, well den dat a corona.
Who fi dead a go dead any way yuh tekih.
A jus so life go, wha yuh waan me fi seh?

VOTE ME OUT

A who fool unnu seh election kyan run?
It look like some a we figget COVID nuh gawn.
Beg yuh tek yuh mine affa wan early date.
Ascording to wha dem seh, nobaddy fe congregate.

Mek me jus give aalla unnu fi mi owna view:
Memba seh a nex year election kanstitutionally due.
Me really a try mi bes fi undastan
Dis yah big rush by aall dem yah politician.

People well an know seh di country in a crisis
an de situation wossara dan reports pon de virus.
Me glad fi see how dem a hangle de rispanse still.
Me gi dem dem props cause a more COVID coulda kill.

But trus me, man; me nuh get dis wan!
Everybaddy know how fi we people gwaan
when election bashment ketch dem skin afyah.
If govament put it off till dis time nex year, dat betta.

Mark my words, if dem start any campaigning
not a soul a go tink bout social distancing.
Anyhow election kaall, a nuh ongle me wan fraid
seh dat a go buil up more o' de community spread.
So, even doan me would like fi kyaast mi ballot,
dis time roun, unnu gwine affi go vote me out.

COMMUNITY SPREAD

Dem seh corona reach community spread,
an Ministry a count up how much smaddy dead,
plus who an who every day get infected.

A now some a realise de situation well dread,
but a long long time tings a get outta han a yaad
tru we stubban, an de whole a we aise dem haad.

COVID CHRISMUS

Bwoy, me nuh know how dis Chrismus a go go.
Right now de country a feel well an truly low,
worried sick an frighten bout de COVID-19
cause aall now dem kyaan mek nuh vaccine.

Even doh some people seh dem wouldn tek it,
me believe everybaddy a look fah wan treatment.
Some a try asthma medicine or Vitamin D,
but plenty swear by dem granny bush tea.

We didda hope seh sumpn good coulda happen,
an free we up soon soon from outta we prison.
We stop dream dem dream since tings a get worse
As we still deh yah a suffer unda dis terrible curse.

We naw go hable have not even a likkle celebration
wid we family an fren widdout heapa restriction.
We jus haffi gwaan follow de guidelines fe fight de virus
While we look faawad to we firs COVID Chrismus.

REDUNDANT

When de boss kaall me an seh him gwine lay me off,
me did expect him would a kip wan an two staff.
But him announce him was closing down
till de economic condition start fe tun aroun.
How long dat gwine tek management neva know.
Aall dem could seh was dat business too slow.
Me hear tell seh aall nex year de virus a go deh bout.
We need fe do we bes fe get dat COVID out.
Me sure a nuh me alone tun hustla ovanight.
Ah hope unnu nuh decide fi fret an gi up de fight.
People, beg unnu follow protocol an keep social distant
So we kyan hurry up mek COVID-19 redundant.
Too mucha wi a lose we wuk;
Sumpn haffi do, cause right now me bruk.

BUBBLES

Since de infection rate a double,
dem seh we fi stay inna we bubble
if we waan stay outta trouble,
while same time use we owna PPE
so we nuh ketch COVID or spreadih
to wi neighba, fren an family.

Doctor an nurse wrap up inna plastic,
wid face shiel an mask a de lick,
so as nuh fi get demself sick.
An inna de bank or business place
de worka dem a try keep dem space
behind fi dem big glass case.

Everywhere de grung full up a dot
fi people stan up in wan likkle spot
dat too smaall fe hol dem two foot.
Me nuh know how long dis a go continue
fe have aalla we pudung inna circle.
Ah hope we naw go deal wid dis faheva.

BODY TALK

A wha yuh a seh doh, Goody?
Seh me fi mine COVID ketch me?
Mussi yuhself yuh a talk, my girl,
cause dat naw bodda me at aall.

When me look inna de mirra me nuh see
nutten name sickness pon dis healty baddy.
Aall day long yuh lock up inna yuh place;
Mek social media a gi yuh pure stress.

De whole a unnu too fraidy fraidy.
COVID fi back aaff an fraid a me
wid mi okra an steam fish baddy.

CHURCH A KEEP

Bredda an sista yuh nuh hear?
Church a keep so come go ova dere.
Mek we enter de house of de Lawd,
An praise Him in song an read de Word.
Pastor seh we nuh fi hide from de virus.
We gwine pray it out in de name of Jesus.
If we jine togedda an have faite,
we gwine run COVID tru wi gate.
We a go pray fah aall who sick,
an deliverance fram dis pandemic.
God nuh gi we more dan we kyan bear
Him no deaf none taall so Him wi hear.
When we go dung pon we knees an pray
mi believe Him wi lissen to wha we seh.
Him a go help, cause Him neva fail we yet.
Ennyhow, aalla we haffi do fi we paat,
An rend, not wi gyaments, but we haat.

ABOUT THE AUTHOR

Donna Ortega writes both poetry and prose. She has published several volumes of work on universal themes often set in the Jamaican context.

Made in the USA
Columbia, SC
15 July 2022

63330305R00026